考古文物11

對讀帛書老子

陳丑校讀

LITERARY TIMES
蘭臺出版社

例言

世上奇文只數老子所謂德經道經了　歷代名流爭相解說　各各舛字以訓　訛言以注雖窮盡心意　杳无可觀者

老子是誰　太史公書未明确其人其世　唯以儒學黜老子而結論

儒者　緆吔　文采文理　條條道道吔　亦陰亦陽　沖庸不迫者吔　單不知老子与緆文緆道緆理緆法之怨從盇敘起

帛書老子有篆隸二编　都出於長沙馬王堆漢墓　似乎跟衆家書版出入細微　二編老子端先四言都是上德不德　如若照本宣科

或曰　上〇德不〇德　繹作　尊者友与不　友順友好吔

或曰　上德〇不德　繹作　厚恩誼重親嘉　不仁不善

或曰　上〇德不德　繹作　長者惠愛顧怜寵幸不乖順不乖巧者

或曰　上德〇不德　繹作　大德高德碩巧佞碩會羅好貿乖者　不賢不孝不悌

只止四言　百讀亦不能斗合斗络下文　五千文言不知其所以斗所以亘糸　又盍能言其解

文字章句有三讀　一讀本義實義　二讀衍義泛義　三讀其音其諱再索隱

凡字都具雜聲　絕無殊異義　字聲天定多變　字義生就有準　字字循意又斗義　始成句　字只因聲偕聲不為句　純屬胡言亂語

老子五千文章　整行整幅難於斷句　以至眲着字書抄寫　亦易走筆　足見胡亂至極

偕聲字亦謂偏聲字　亦謂白字　別字　左字　不校偕聲偏字以讀秉意承意之主字正字　不除替聲之字以匡原義之字　其能暢讀暢聽暢解乎

本卷將老子啟筆五言　上德不德是　直接校作　皇帝巨賊矣　如此這般　將老子五千言徹底翻覆　使之可斷句可連讀　犇後一冊　全部是象聲而索隱尋晦　五千音韵不敢有少許岔離　若問老子之意之旨乍可能是這样　卬亦无法辯解　卬只以為老子是一部偕聲偏字書　從頭到尾都是虛聲白字　不似詩經書經間或有之　因為不會言談与學术名詞　故不能描述如盍比聲某字　又如盍索尋得其隱字晦暗不露之字

本卷檢討 依舊分作八十一章節 篆隸有殘闕 除互參外 兼采雜版補填之 二編都以今楷以淡墨排版 以示老子之文是白字 是虛聲白字 一一并齊而列者 都是循聲斗意之主字本分字 故用濃墨顯之

本卷不作間解間注 唯 咆哥 哇嗚 不見經典 且附說于此 咆哥是蜀國語 謂強人蠻橫者 哇嗚是楚地語 旨貓子叫春之聲 轉旨貓子 轉旨人物啼唱或凶戾

本卷不追究老子是秦人周人 亦或是楚人漢人 透悟小子司馬遷之史記或通曉孟子莊子楚辭一些經文 就通知通解老子了

本人以偕聲探句而謂校讀 然後可以解繹章句 愿天下頌讀經典氏開闊眼界与心境 莫淪没于一說一議 道由人治 人專道 无為道專人

公元二零二二秊八月 大冶 陳丑 撰

目錄

第一葉

篆編

（一）

上德 不德是
皇帝 巨賊矣
以有德下德 不失德是以
儒雅者豁達 表諸則諸義
无德上德 无爲而无
㫒賊相德 无違義與
以爲也上仁 爲之而无以
介詠諧神人 唯知義喻義
爲也上義爲之而有以爲
唯謁凶逆為治而有利未
也上禮爲之而莫之應也則
掖凶匿微旨以牧世人也哉

隸編

（一）

上德 不德是
皇帝 巨賊矣
以有德下德 不失德是以
儒雅氏豁達 表諸則諸義
无德上德 无爲而无
㫒賊相德 无違義與
以爲也上仁 爲之而无以
介詖邪神人 唯知義諭義
爲也上德 爲之而有以爲
唯謁凶桀 為治而有益沒
也上禮爲之而莫之應也則
掖凶匿微旨以牧世人也哉

攘臂而乃之故
凶畢意吏治諸

失　道失道矣　而后德失德而后
斯　道仕道義　亦盇斗杰者意慨

仁失仁而　后義失義而后禮
人仕言義　刻意德誼以課禮

夫禮者忠信之泊也　而亂之首也
敷禮者從凶治霸業　而迎巨盜意

前試者道之華
聽事者討冓畫

也而愚之　首也是以大丈夫
雅儒諭賊　設有司以誡衆夫

居亓厚而不
巨寇合意不

攘臂而乃之故
凶畢意吏治諸

失道而　后德失德而句
仕道義　盇斗桀者意慨

仁失仁而　句義失義而句禮
人仕言義　着意德誼以舉禮

夫禮者忠信之泊也　而乳之首也
普禮者從凶治霸業　而偶巨盜意

前識者道之華
聽事氏討計畫

也而愚之　首也是以大丈夫
妖異吁賊　設徧寺以誡衆乎

居亓厚而不
巨寇合意不

居亓泊居亓 實不居亓華
巨寇鄙諸仕 實褒諸開化
故去皮取此
巨寇白巨旨

（一）

昔之得一者 天得一
序諸大義者 爯賊吔
以清地得一以甯 神得一
儒匡賊等一迹鄰 伸大義
以霝浴得一 以盈侯王得一而
迹鄰詵大義 一沿愒凶賊乂唉
以 爲正亓 致之
乂 唯征緝 吉諸
也胃天毋已
猶危天物吔

居亓泊居亓實 而不居亓華
巨寇鄙諸仕些 亦褒諸開化
故去罷而取此
巨寇會意巨旨

（二）

昔得一者 天得一
敘大義者 爯帝吔
以清地得一以寧 神得一
儒匡賊等一迹鄰 展大義
以霝浴得一 盈侯王得一
迹鄰諤大義 仍懾凶賊乂
以 爲天下正 亓至
乂 唯遣和征 吉諸
也胃天毋已
猶危天物吔

清將恐連胃地毋已
天公將連毗地役之

寧將恐發胃 神毋已
令貢功夫費 餉儒仕

霝將恐歇
銀鏘鏘些

胃地毋已盈将將恐渴胃
俘自與知音相將相合配

候 王毋已貴以高 將恐欮故
夫 皇屋亓貴儒家 統統且固

必貴而以 賤爲本必
不貴儒唉 天位兵逼

高矣而以下爲基夫
好義二意呵衛畿輔

清將恐蓮地毋已
天公將連地役之

寧將恐發 神毋已
令貢功費 餉儒仕

靈將恐歇 谷毋已盈將恐渴
銀鏘鏘些 主昇知音相共和

王毋已貴以高 將恐欮故
皇屋亓貴儒家 統統且固

必貴以 賤爲本必
不貴儒 天位兵逼

高矣而以下爲基 夫
高義二意呵衛畿輔

是以侯王自
喜義害王哉

是以侯王自 胃曰孤寡不穀
喜義害王哉 唯為賦詿霸諸
此亓賤之本與 非也故至數
吒吒天子笨與 甫伊雇諸胥
與无與是故
儒踰諭世局

胃孤寡不穀
為穀詿霸諸
此亓賤之本與 非也故至數
叱叱天子笨與 甫伊雇諸胥
輿无輿是故
儒踰喻世局

第二葉

不欲琭琭若 玉珞珞若石
俘如硌硌吔 如硌硌若駛

（二）

上士聞 道堇能
餉斯文 渡奸佞
行之中士 聞道若存若亾下
凶桀饌仕 王圖若存若望呵
士聞 道 大笑之 弗 笑不
試問 搗 得效諸 抚 效不
足以爲道
諸儒僞道
是以建言 有之曰明道如費
世議奸蠻 猷疾怨廟巢汙穢

不欲祿祿若 玉珞珞如石
孚如硌硌吔 如硌硌若駛

（三）

上士聞 道堇能
餉斯文 渡奸佞
行之中士 聞道若存若亡下
凶桀館仕 王圖若存若望呵
士聞 道 大笑之 弗 笑不
試問 搗 得效諸 抚 效不
足以爲道
諸儒僞道
是以建言 有之曰明道如費
世議奸蠻 猷疾怨廟巢汙穢

進道如退夷　道如類
奸慝如隤唉　盜无聊

上德如浴大白如辱廣德如
喪態愚儒大辟娛游廣賊哦

不足建德如偷　質真如輸大方无
巨賊盡德娛樂　直爯儒術大範與

禺大器免　成大音希聲大
惡賊亓迷　聽達人釋上界

象无刑道　隱无名夫唯
生語神度　人入冥府沒

道善始且善成
徒談私曲閑情

進道如退夷　道如纇
奸慝如隤唉　盜无聊

上德如浴大白如辱廣德如
喪悳愚儒大辟娛游廣賊哦

不足建德如揄　質真如輸大方无
邦主盡德吳樂　直贊儒術大範與

禺大器免　成大音希聲天
惡賊亓迷　聽達人釋上天

象无刑道　隱无名夫唯
生諭神度　身入冥府未

道善始且善成
禿諫私曲閑情

（四）

反也者道之勭也
風雅者徒主斷吔
弱也者道之用也
岳岳者徒自用吔
天下之物生於有有 生於无
賤下亓喻凶如鴝吔 生如驢

（五）

道生一生二
盜精而生騃
生三三生萬物
生侁侁象哇嗚
萬物負陰而抱陽 中氣以
哇嗚負養亦不昜 總自抑

（四）

反也者道之動也
風雅者禿主斷吔
弱也者道之用也
岳岳者禿自用吔
天下之物生於有有 生於无
賤下亓喻凶如鴝吔 生如驢

（五）

道生一一生二
盜精而儒生騃
二生三三生萬物
儒生侁侁象哇嗚
萬物負陰而抱陽 中氣以
哇嗚負養亦不昜 統自抑

爲和天下之　所惡唯孤
唯合親合戚　碩无味諸
寡不穀而　王公以
巨孚過誼　忘賞與
自名也勿　或秐之而
魑魅囁嚅　或怨賊唉
益益之而秐故人之所教夕議
繹繹諸儒怨寇扔諸學究失義
而教人故強良　者不得
而咎人主狂浪　則暴桀
死我將　以爲學父
檮杌獷　亦愄學府

爲和人之　所惡唯孤
唯合仁哉　碩无味諸
寡不穀而　王公以
巨俘過昵　亡供與
自名也物　或益之而
魑魅聶嚅　或怨賊唉
云云之而益故人之所教夕義
紜紜諸儒議寇扔諸學究失義
而教人故強梁　者不得
而咎人主狂浪　則暴桀
死吾將　以爲學父
梼杌獷　亦愄學府

（六）

天下之至　柔馳甹於
賤下自給　猷赤貧與
天下之至堅无有入
賤下自給更裕有唉
於无閒五　是以知无爲之
愚儒感悟　始立志无爲諸
有　益也不
呀　儒忧霸
言之教无
言賊駕馭
爲之益天下　希能及之矣
唯着意頃下　始能得志唉

（六）

天下之至　柔馳騁乎
賤下自資　猷赤清與
天下之至堅无有入
賤下自資更裕堯唉
於无閒吾　是以知无爲之
愚儒感悟　始立志无爲哉
有　益也不
呀　儒忧霸
言之教无
言賊駕馭
爲之益天下　希能及之矣
唯着意頃下　始能達計唉

（七）

名與身孰 親

民无生熟 虔

身與貨孰多得

散儒盇紹條則

與亡孰病甚 愛必大

諭王息本心 昂霸態

費多藏必厚亡

誸子爯霸扞王

（七）

名與身孰 親

民无森熟 虔

身與貨孰多得

散儒盇紹道德

與亡孰病甚 愛必大

語王息凡心 昂霸悳

費多藏必厚亡

誸子爯霸扞王

第三葉

故知足不辱知止不殆　可以長久
蠱賊遮庇友悌庌不德　可以成就

（八）

大成若缺　亓用不幣
盜從亦快　起用附偎
大盈若沖　亓用不窘大直
達人若怛　亓象怕親嘉哉
如　詘大巧如拙
夫　沮悳恰无怵
大贏如炳躁勝寒靚　勝炅請
帶尹忤逆操擅黃金　淨兼錢
靚可以爲　天下正
錢亓一萎　天下震

故知足不辱知止不殆　可以長久
蠱賊遮庇友悌庌不德　可以成就

（八）

大成如缺　亓用不蔽
盜從亦快　起用附偎
大盈如沖　亓用不窮大巧
哲人于怛　亓象怕親嘉哉
如　拙大直如屈
夫　沮態恰无怵
大紳如絀躁朕寒靜　勝熱清
導尹惡賊操擅黃金　硬掠錢
靜可以爲　天下正
錢亓一萎　天下辰

（九）
天下有道　卻走馬以糞天下
天下搖哉　跳蚤忙而紛天下
无道式馬生於郊罪莫大於
訛盜魑魅善于交聚廟窠哦
可欲禍莫大於不
巧語皇門大武備
知足咎莫站於欲　得故知足之
咨諏高門建伍與　迪主置卆治
足　恒足矣
卆　狠劇唉

（十）
不出於戶以　知天下
霏儲武夫矣　敵天下

（九）
天下有道　卻走馬以糞
天下搖哉　翹楚忙而紛
无道戎馬生於郊罪莫大
誤盜妖魅善于交聚廟窠
可欲禍莫大於不
巧語皇門大武備
知足咎莫憯於欲　利故知足之
咨諏高門建伍哦　勵主置卒治
足　恒足矣
卒　狠劇唉

（十）
不出於戶以　知天下
霏儲武夫矣　敵天下

不規於牖以　知天道
保衛愚勇矣　似強盜
亓出也煤遠亓知煤少
俱醜猷鑾愿扣擄牧抄
是以　聖人弗行而知不見而名不
勢異　神人瀑洶以激乎健兒猛赴
爲而成
為義戰

（十一）爲學者日益爲道者日秐秐
文學者日益妄道賊兒淵元
之又秐以至於无爲
恃有緣氏資與无為

不睽於牖以　知天道
保衛愚勇矣　似強盜
亓出墨遠者亓知墨少
俱醜鑾愿截扣及没抄
是以　聖人弗行而知弗見而明弗
勢異　神人瀑洶以激乎健兒猛赴
爲而成
為義戰

（十一）爲學者日益聞道者日云云
文學者日益妄道賊兒淵元
之有云以至於无爲
恃有緣氏資與无為

无爲而无不爲将
无爲誘惡霸爲公
欲取天下也恒无事
敄聚天下幽恨儒仕
及亓有事也又 不足以取天下矣
啟寇有施有遺 報之儒驅天下唉

（十二）聖人恒无心猷以
常人常无心友誼
百姓之心爲心
比近賊甚歪心
善者善之不 善者亦善之德善
賢哲善巨孚 省賊一心積德行

无爲而不爲聖
无爲誘霸爲正
人之取天下恒无事
應齊聚天下寒儒些
及亓有事也有 不足以取天下矣
示寇有施有遺 報諸儒驅天下唉

（十二）聖人恒无心以
衡人衡无心眤
百姓之心爲心
比近賊甚歪心
善者善之不 善者亦善之德善
賢哲善巨俘 省賊一心積德行

也信者信之不信者亦信之德信也
遊心者省賊庇賢哲以縣之德行吔
聖人之　在天下歙歙焉
凶應舉　宰天下搜索然
爲天下渾心百姓皆屬
會侵削横行暴行皆昭
耳目焉聖人皆咳之
尒明人賢人謫寇諸

（十三）出生入死生之徒十
畜牲儒仕善師卆些
有三死之徒十有
忧參事之卆執要

也信者信之不信者亦信之德信也
遊心者省賊庇賢哲以縣之德行吔
聖人之　在天下也欱欱焉
凶應舉　宰天下猷搜索然
爲天下渾心百眚皆注
會侵削横行暴行皆曙
亓目焉聖人皆咳之
亓明人賢人詰寇諸

（十三）出生入死生之徒十
畜牲儒仕善師卒些
又三死之徒十又
忧參事之卒執要

三而民生生動 皆之死地之十有
想尒名勝善黨 盇庰死志給失業
三夫何故 也以亓生生也蓋聞善執
征夫厚寇 亦以寄生生厓過完生世
生者陵行不避
征者另行辟編
矢虎入軍不 被甲兵矢
系附入軍部 備甲兵事

三而民生生童 皆之死地之十有
想尒名勝善黨 盇庰死志致失業
三夫何故 也以亓生生蓋聞善執
征夫呵寇 亦以寄生身家完生諸
生者陵行不辟
征者間行辟編
豕虎入軍不 被兵革豕
使乎與軍部 備兵甲事

第四葉

无所椯亓角虎
无邪訓寇作福
无所昔亓蚤兵无 所容亓
无邪示寇修兵與 修戎器
刃夫何故也以亓无 死地焉
陰伏盇故要迩寇與 仕質刃

（十四）道生之而 德畜之
圖生計唉 抖殊智
物刑之而 器成之
舞上智唉 棄常知
是以萬物尊道而 貴德道之
所以哇嗚證大義 怪大度諸

无所椯亓角虎
无邪訓寇作福
无所昔亓蚤兵无 所容亓
无邪示寇修兵與 修戎器
刃夫何故也以亓无 死地焉
陰伏盇故要迩寇與 仕的忍

（十四）道生之 德畜之
圖生稽 斗殊智
物刑之而 器成之
舞上智唉 棄常知
是以萬物尊道而 貴德道之
是以哇嗚證大義 怪大度諸

尊德之貴　也夫莫之爵而
正者慈悲　野夫莫之覺唉
恒自然也道生之　畜之長之遂之
恨忌人妖淘賢主　具諸政諸稅諸
亭之毒之養之覆之
輕諸胥寄養致富諸
生而弗有也　爲而弗寺也
嫌儒富有吔　怨儒富實吔
長而弗宰也　此之謂玄德
愴儒護賊吔　恥其歸順賊
（十五）天下有始以爲天下
天下雅仕與俘親嘉

尊也德之貴　也夫莫之爵也而
正雅者慈悲　野夫莫之覺吔唉
恒自然也道生之　畜之長之育之
恨忌人妖淘賢主　具諸政諸役諸
亭之毒之養之復之
輕諸蠹寄養致富諸
生而弗有也　爲而弗之也
嫌儒富有吔　怨儒富實吔
長而弗宰是　胃玄德
忡儒護賊些　歸順賊
（十五）天下有始以爲天下
天下雅仕與孚親嘉

母慨得亓母以知亓子慨知
墨氏皆私謀私稽旨示寇諸

亓子復 守亓母沒
寇知不 羞魑魅沒

身不殆塞亓閫閉 亓門終身
生白賊設諸文幣 欺瞞敞行

不堇啟亓 閟濟亓事 終身不
不堇治者 閟積資些 終生迫

棘見小曰
几見笑樂

明守柔曰強用
文秀猷樂天様

亓光復歸亓明毋 道身央是
嗤工夫缺諸明悟 禿善良些

母既得亓母以知亓子既知
墨者皆私謀私計旨示寇諸

亓子復 守亓母沒
寇知夫 醜魑魅未

身不佁塞亓坨閉 亓門冬身
生白賊設諸飾幣 欺瞞敞行

不堇啟亓 坨齊亓事 冬身不
不勝治者 敵積資些 終生迫

棘見小曰
孰見笑樂

明守柔曰強用
文秀猷樂天焉

亓光復歸亓明毋 遺身央是
嗤工夫缺諸明悟 亦善良些

爲襲常
唯隨常

（十六）使我挈有知
仕呵　全有智
也行於大道唯它是畏大
猶善于大道危殆治危殆
道甚夷民甚好解朝
盜敬尔名勝好改巢
甚除田甚芜倉甚虛服
善除廷善浮沉政府乎
文采帶利劍厭食貨
王采道理經營奇貨

胃襲常
唯隨常

（十六）使我介有知
仕哉皆有智
行於大道唯佗是畏大
善于大道危殆治危殆
道甚夷民甚好懈朝
盜敬尔名勝好解朝
甚除田甚芜倉甚虛服
善除廷善浮沉政府乎
文采帶利劍猒食而
王采條理經營奇業

財有餘是謂
哲有如市儈
盜桍盜桍非道也
大誇蹈跨恢大業

（十七）善建者不拔
生諫賊布法
善抱者不脫子孫以然祀
省暴杰備圖籍行移應事
不絕修之身亓德乃真
夫子羞賊神器質亂真
修之家亓德有餘　修之鄉亓
笑賊嘉亓大雅與　孰置上智

資財有餘是謂
諸哲有如市儈
盜桍盜桍非道也
大課蹈跨恢大業

（十七）善建者不拔
生諫賊布法
善抱者不脫子孫以祭祀
省暴桀備圖籍行移給事
不絕脩之身亓德乃真
夫子羞賊神器的亂真
脩之家亓德有餘　脩之鄉亓
笑賊嘉諸大雅與　孰置上智

德乃長修　之邦亓
賊立正署　置邦仕
德乃豐修　之天下亓德乃溥以
賊力封胥　寄天下之德里富邑
身觀身以家觀家以
鄉國散儒交官家唉

德乃長脩　之國亓
賊立正署　置國仕
德乃豐脩　之天下亓德乃溥以
賊力封胥　寄天下之德里富邑
身觀身以家觀家以
鄉國散儒交官家唉

第五葉

鄉觀鄉以　邦觀邦以
常管常事　偏矔邦業
天下觀天下吾何以
天下官卿好諭好議
知天下之然哉以此
直遣桀出沿旨以治

（十八）含德之厚　者比
行大治呵　賊悖
於赤子逢剌
務實者奉紀
畏地弗螫擢
隨時府致害

國觀國以
怪管國業
天下觀天下吾何以
天下官卿好吁好議
知天下之然茲以此
直遣杰出沿旨以治

（十八）含德之厚　者比
行大治呵　賊悖
於赤子蜂蠆
務實者奉律
虫蛇弗赫據
常受府害諸

鳥孟獸弗搏骨弱筋　柔而握固
野民訴府不拘要緊　一意呼苦
未知牝牡之會　而朘怒精之
匹直拼命示俘　以揭露公寺
至也終日號
賊也重曰夫
而不憂和之至　也和曰常知
駸罷儒恔之諸　猶恔約从諸
和曰明益
盇慣嗚唉
生曰祥心使　氣曰強物
生慣鄉親些　寇唯強御
壯即老胃之　不道不道早已
正者老委實　白土匪討道議

鳥孟獸弗捕骨筋弱　柔而握固
野民訴府不拘緊要　一意呼苦
未知牝牡之會　而朘怒精之
筆直拼命示俘　以揭露公寺
至也冬日號
賊亦重議呵
而不嘎和之至　也和曰常知
貳佰伍恔之諸　猶恔約參諸
常曰明益
誠慣嗚唉
生曰祥心使　氣曰強物
生慣鄉親些　寇唯強御
壯則老胃之　不道不道蚤已
正者老委實　白盜俘道道議

（十九）知 者弗 言言者弗知塞亓
治 即孚 隱刃者伏寺設稽
悶閉亓門和亓光
萻霸克民盉亓光
同亓軫坐 亓閱解亓紛是胃玄同
痛切斟酌 去約解寺放仕爲順當
故不可得而親亦
諸附寇者入庭吔
不可得 而疏不可得
備苛則 以售霸敲貣
而利亦不可得而
異類以掊摳得益
害不可得而貴亦
活剁巧奪而貴唉

（十九）知 者弗 言言者弗知塞亓
治 即俘 隱忍者伏寺設稽
垞閉亓門和亓光
迪霸克民盉亓光
同亓塵銼 亓兌而解亓紛是胃玄同
痛切斟酌 去大義解寺放仕爲順當
故不可得而親也
諸附寇者入廳吔
亦不可得 而疏不可得
擬備苛則 以售霸敲貣
而利亦不可得而
異類以掊摳得益
害不可得而貴亦
活剁巧奪而貴唉

不可得而淺 故爲天下貴
剁割災意情 服位盡害國

（二十）以正之邦 以畸用兵以
依正治邦 實只用兵乂
无事取天下 吾何以
乂師驅天下 如盇佚
知 亓然也
治 亓忍吔
哉 夫天下
哲 浮淺呵
多忌諱而民煤 貧民多利器而
戴寇俘以美名 騙民德吏治唉

不可得而賤 故爲天下貴
剁割災意情 服位盡害國

（二十）以正之國 以畸用兵以
依正治國 實只用兵乂
無事取天下 吾何以
乂師驅天下 如盇佚
知 亓然也
治 亓刃吔
才 夫天下
哲 浮淺呵
多忌諱而民煤 貧民多利器而
戴寇俘以美名 騙民德吏治唉

邦 家 茲昏人多知
邦 家 自舜然吉諸

而何物 茲起法物 滋彰而
儒和昇 稽奇瀀與 稽正義

盜賊多有是以聖人之言曰
盜即搭野寺以承冗秩冗員

我无爲 也 而民自化
王无爲 曳 尒貓子化

我好靜而 民自正
王好強唉 貓子振

我无事 民自富
王无事 貓子富

我欲不欲而 民自樸
王如不預唉 貓子怕

國 家 茲昏人多知
國 家 自舜樣吉諸

而何物 茲起法物 茲章而
儒互昇 計奇瀀與 稽正義

盜賊多又是以聖人之言曰
盜即搭野寺以承冗秩冗員

我无爲 而民自化
王无爲 尒貓子化

我好靜 而民自正
王好強 尒貓子振

我无事 而民自富
王无事 尒貓子富

我欲不欲而 民自樸
王如不預唉 貓子怕

（廿一）亓政閔閔
苛正渺渺

（廿一）亓政閔閔
苛正漠漠

第六葉

亓民屯屯亓正　竊竊亓
呴嗚正臣悄松　悄悄弛
邦夬夬
邦嗟嗟
禍福之所倚福　禍之所伏孰知
候匪賊掃蟄伏　候賊掃不羞恥
亓極亓无　正也正
寇其渴惡　正亦怔
復　爲奇善復爲妖人
夫　詖子善抚尉野人
之迷也亓　日固久矣是以方而
詒民有疾　亦據高義施義方唉
不割兼而
咆哥簡易

亓民屯屯亓正　察察亓
革命干臣悄松　悄悄弛
國缺缺
國嗟嗟
禍福之所伏孰知
候俘賊掃不羞恥
亓極亓无　正也正
寇其渴惡　正亦怔
復　爲奇善復爲妖人
夫　詖子善抚尉野人
之迷也亓　日固久矣是以方而
詒民有忌　亦據高義施義方與
不割兼而
咆哥簡易

不刺直 而不泄光而不眺
拔敕使 以辦解公與不肖

(廿二)治人事 天莫若
達人者 親民吔
嗇夫唯嗇是 以蚤服蚤服
嗇夫微涉世 以熟乎俗夫
是 胃重積德
仕 貴重積德
重積德則无不克
重積德者譽掊摳
无不克則莫知亓極
譽掊摳者慕諸自給

不刺直 而不紲光而不眺
拔敕使 以辦解公與不肖

(廿二)治人事 天莫若
達人者 親民吔
嗇夫唯嗇是 以蚤服蚤服
嗇夫微涉世 以熟乎俗夫
是 胃重積德
仕 貴重積德
重積德則无不克
重積德氏譽掊摳
无不克則莫知亓極
譽掊摳氏慕諸自給

莫知亓極可以有
沒諸自給可意也
國有國之母可以長久是
國妖國賊門可以相較諸
冐深槿固至長 生久視之道也
唯紳衿蠹德政 象救世之道也

（廿三）治 大國
治 詒國
若烹小鮮以道立 天下亓鬼不
謠謊者閑議條律 盡害自癸乎
神非亓鬼不 神也亓神不傷
生派亓鬼伯 善衙寺善府藏

莫知亓極可以有
沒諸自給可意也
國有國之母可以長久是
國妖國賊門可以相較諸
冐探根固氐長 生久視之道也
彼縉紳蠹德政 象救世之道吔

（廿三）治 大國
治 詒國
若亨小鮮以道立 天下亓鬼不
謠謗氏閑議道理 盡害自癸夫
神非亓鬼不 神也亓神不傷
生派亓鬼伯 善有司善府藏

人也非亓申不傷
人妖派寇填府藏
人也聖人亦弗
王油上人擬賦
傷也夫兩不相傷故 德交歸焉
鄉野不能比生頌寇 締交孚焉

（廿四）大邦者 下流也天下
德邦賊 盇理由近也
之牝天下 之郊也牝恒
仕瀕請謁 拒絕亦盤睘
以靚勝牡爲亓
儒兢兢謀位第

人也非亓神不傷
人妖派寇全府藏
人也聖人亦弗
任由上人擬賦
傷也夫兩不相傷故 德交歸焉
鄉野不能比生頌寇 結交俘焉

（廿四）大國者 下流也天下
德國賊 盇理由近呵
之牝也天下 之交也牝恒
仕瀕謁請呵 拒絕亦盤睘
以靜朕牡爲亓
儒兢兢某位次

靜也故宜爲下大邦以下小邦則
盡誘寇一味下詔邦仕合修邦則
取小邦
齊家邦
小邦以下大　邦則取於大
家邦伊和答　邦賊趣迂大
邦故或下以　取或下
邦惧化解矣　拒化消
而取故　大邦者不過欲兼畜人
儒吹寇　道邦賊霸國喻天售焉
小邦者不過欲　入事人夫皆得亓欲則
家邦皆不和與　儒仕安乎寄地寄寓哉
大者宜爲下
大德亦微些

靜也故宜爲下也故
盡誘寇一味嘉妖蠱
大國以下小國則　取小國
誠國仕合修國則　齊家國
小國以下大　國則取於大
家國伊和答　國賊趣迂詒
國故或下以　取或下
國惧化解矣　拒化消
而取故　大國者不過欲並畜人
儒吹寇　道國賊霸國喻邦售焉
小國不過欲　入事人夫皆得亓欲則
家國不和與　儒仕安乎寄地寄寓哉
大者宜爲下
大德亦微呵

第七葉

（廿五）道者萬物之注也
盜德哇嗚咨治吔
善人之葆　也不善人之所葆
神人舉霸　猷蔽殘刃及邪僻
也美言
妖魅仁
可以市尊行　可以賀人人之
克意飾真象　克意阿嚚兇諸
不善也何棄之有
諸生亦盍亓哲吔
故立天子置三卿
蠱擬天者只聖聽
雖有共之璧
隨妖精舉白

（廿五）道者萬物之注也
盜德哇嗚資治也
善人之葆　也不善人之所保
神人舉霸　猷蔽殘忍及邪僻
也美言
妖魔仁
可以市尊行　可以賀人人之
克意飾間行　克意厚英雄諸
不善何棄之有
諸生盍亓哲吔
故立天子置三鄉
蠱擬天氏只聖聽
雖有共之璧
隨妖精舉白

以先四馬　不善坐而
儒生司牧　不勝作一
進此古之所以
堅持固執瑣議
貴此者何也不
鬼奇者好誘霸
胃求以得有罪以免輿
委售懿德友悌以名譽
故爲天下貴
舉為天下表
（廿六）爲无爲事　无事味无
哇嗚曰治　舁世歪忤

以先四馬不　若坐而
儒生司牧乎　猷作一
進此　古之所以
堅持固執瑣議
貴此者何也不
鬼奇者好誘霸
胃求以得有罪以免與
委售懿德友悌以名譽
故爲天下貴
舉為天下表
（廿六）爲无爲事　无事味无
哇嗚曰治　舁世歪忤

未大小多少報
俘賊效大數不
怨以德圖難乎亓　易也爲大乎
橫逆大盜難乎治　亦以為則乎
亓　細也
治　實乂
天下之難作於易
天下之亂作于乂
天下之大作於　細是以
天下亟待結乂　息師乂
聖人冬　不爲大
神人沖　表威悳
故能成亓大夫巠　若必寡信多
故能盡亓大夫情　搦霸寡仁慈

味大小多少報
孚賊效大數不
怨以德圖難乎亓　易也爲大乎
橫逆大盜難乎治　亦以為則乎
亓　細也
治　實役
天下之難作於易
天下之亂作于役
天下之大作於　細是以
天下亟待解役　息師役
聖人終　不爲大
神人庸　表威態
故能成亓大夫輕若必寡信多
故能盡亓大夫情搦霸寡仁慈

易必多難是以
亦必多怜師唉
聖人猶難之 故冬於无難
神人猷諫賊 主動與武勇

（廿七）亓 安也 易寺也
賜 恩吔 意思吔
亓未兆 也易謀
適惠周 欲亦彌
也亓危也 易泮也
遇亓惠曳 意煩吔
亓 微也易散也
治 唯有佚神吔

易必多難是以
亦必多怜師唉
聖人猶難之 故終於无難
神人猷諫賊 主動邇武勇

（廿七）亓 安也 易持也
賜 恩吔 意思吔
亓未兆也 易謀
適惠足吔 欲彌
也亓危也 易泮也
遇亓惠曳 意煩吔
亓 微也易散也
治 唯有佚神吔

爲之於亓未有也治之
文治武治唯有樂戲諸
於亓未亂　合抱之木作於
娛戲迷亂　合配司牧者與
犒末九成之
合穆誂情志
臺作於羸土百仁之
大作娛樂黷不淫諸
高台於足下爲之者
高德娛諸夏謂治哉
敗之執者失之是　以聖人
不着實者失腳些　亦損人
无爲也故　无敗也无
无為妖蠱　誤捭忧與

爲之於亓未有也治之
文治武治唯有游戲諸
於亓未亂　合抱之木 作於
娛戲迷亂　合配司牧者與
毫末九成之
合穆逗情志
臺作於累土百千之
大作娛樂黷不輕諸
高始於足下爲之者
高仕娛諸家謂治哉
敗之執者失之是　以聖人
不着實者失腳些　亦損人
无爲也故　无敗也无
无委优蠱　午排忧哦

執也故无失也　民之從
只有去漁食𣇄　民自充

執也故无失也　民之從
只有去魚食𣇄　民自充

第八葉

事也恒於亓成事
始有畏宇開暢些
而敗之故慎終若
儒怕自古善講吔
始則无敗事 矣是以
示賊馭百司 馭世業
聖人欲不欲 而不貴難得之脆
竦人物百馭 意比傀儡抖旨哉
學不學而復
唆霸諧易乎
衆 人之 所過能輔
正 淫諸 屬其能乎
萬物之自然 而弗敢爲
哇嗚知恥焉 儒服綱維

事也恒於亓成
始有畏宇開暢
而敗之故曰慎冬若
儒怕始古會扇動吔
始則无敗事 矣是以
示賊馭百寺 馭世業
聖人欲不欲 而不貴難得之貨
竦人物百馭 意比傀儡抖志呵
學不學復
唆霸諧乎
衆 人之 所過能輔
正 浪諸 屬其能乎
萬物之自然 而弗敢爲
哇嗚知恥象 儒服綱維

（廿八）故曰爲道者
諸妖唯道則
非以明民 也將以愚之也
匹以名目 以經濟无則也
民之難治也 以亓知也故
民自能治業 以自給也諸
以知知邦邦 之賊
以濟世哄邦 是哉
也以不知知邦 邦之德也恒
妖翊霸治諸邦 仿使德業荒
知此兩 者亦稽式
資給凉 哲亦愓些
也恒知稽式
猶狠治旨示

（廿八）古之爲道者
諸仕匹道則
非以明民 也將以愚之也夫
唯以名牟 以貢給無則也乎
民之難治也以亓知也故
民自能治業以資給也夫
以知知國國 之賊
以貢給惑國 是哉
也以不知知國 國之德也恒
妖翊霸治諸國 或使德業荒
知此兩 者亦稽式
資給凉 哲亦愓些
也恒知稽式
猷狠治旨示

此胃玄德玄德深矣遠矣
旨揮兕賊炫大刑以玩乂
與　物反矣
乂　踰反唉
乃至　大順
吏治　大患

（廿九）江海之所以能爲百浴　王者以
公害亓孰以能為霸昇　幻覺矣
亓善下之
欺心盉吉
是以能爲百浴王是
仕亦闌圍霸昇王些

是胃玄德玄德深矣遠矣
旨揮兕賊炫大刑以玩役
與　物反也
役　踰反唉
乃至　大順
吏治　大患

（廿九）江海所以能爲百浴　王者以
公害所以能為霸昇　幻覺矣
亓善下之也
欺心盉吉吔
是以能爲百浴王是
仕亦難逼霸昇王些

以聖人之欲上　民也必以
儒生言諸五常　民猶卑夷
亓言下　之亓欲先　民也必以
寇忍呵　舉亓五刑　民亦怕唉
亓　身後之
治　上懾諸
故　居前　而民弗害也
故　寇頃　介民富厚吔
居上　而民弗重也
寇嵩　介民負重吔
天下樂隼而
賤下惱甚唉
弗厭也非以亓无諍與
煩養育孚兒亓務政哦

以聖人之欲上民也必以
儒生言諸五常民猶卑唉
亓言下　之亓欲先　民也必以
寇刃呵　舉亓五刑　民又怕唉
亓　身後之
治　尚恔諸
故　居上　而民弗重也
固　寇嵩　介民負重吔
居前　而民弗害
寇頃　介民富厚
天下皆樂誰而
賤下皆怨悔唉
弗猒也不以亓无諍與
煩養育霸兒亓務政哦

故天下莫能與諍
雇天下敏利預政

（三十）小邦寡民使 十百人
搜邦刮民些 寺富羨
之器毋用使 民重死
資給如涌些 漫公室
而遠送有車周无
依掾想有朝足裕
所乘之有甲兵无所陳之
學公室邀嘉賓與碩餐諸
使 民復結繩而
斯 民夫急盛世

故天下莫能與諍
雇天下木訥預政

（三十）小國寡民使 有十百人
搜國刮民些 僫寺富羨
器而勿用使 民重死
資予如涌些 漫公室
而遠徙又舟車无
依掾思有周財哦
所乘之有甲兵无所陳之
學公室邀嘉賓與碩餐諸
使 民復結繩而
斯 民夫急盛世

用之甘亓食美亓　服樂亓　俗安亓
象乞請帝系麋資　府樂資　署安資

用之甘亓食美亓　服樂亓　俗安亓
象乞請帝系費資　府樂資　署安資

第九葉

居鄰邦相望雞
諸侒光想望給
狗之聲相　聞民至老死不相往來
苟失欿享　問民仕哪時不象无賴

（卅一）信言不美
餉厭蔽民
美言不　信知者不博博者不知
民人蔽　上智即輔勃勃者暴殖
善者不多多者不善
省桀暴咄咄譎不遜
聖人无積　既以爲人已俞
神人无極　竭意斡人佚愉

居聯國相望鷄
諸侒怪向往給
犬之聲相　聞民至老死不相往来
權失欿享　問民仕哪世不象无賴

（卅一）信言不美
餉厭蔽民
美言不　信知者不博博者不知
民人蔽　上智即輔勃勃氏暴殖
善者不多多者不善
省桀暴咄咄譎不遜
聖人无積　既以爲人已俞
神人无極　竭意斡人佚愉

有即以予人矣己俞多
亦竭意誤人依之惡賊

故天之道利而不害
蠱天子毒戾以霸呵

人之道爲而弗爭
尹巨盜會計賦貢

（卅二）天下皆胃大而不宵夫
賤下怯愄哲議剝削呵

唯大故不宵若　宵細久
唯哲蠱剝削吔　學識高

矣　我恒有三
斯　儒患有三

有既以予人矣已俞多
亦竭意誤人依之惡賊

故天之道利而不害
蠱天子毒戾以霸呵

人之道爲而弗爭
尹巨盜癸稽賦貢

（卅二）天下皆胃我大大而不宵夫
賤下懾愄文惪大議剝削呵

唯不宵　故能大若宵久矣亓細也
鬼伯肖　絕難割掠收截以治世吔

夫　我恒有三
夫　儒患有三

葆之　一
保賊　一
曰茲　二
曰治　二
曰檢　三
曰兼　三
曰不敢爲天下先夫茲
喲霸敢韋天下擅夫子
故能廣不敢爲天下先故
諸懶憨不敢爲天下先諸
能爲成事
難為情些
長今舍亓茲
正謹舍隔室

葆市而葆之　一
辟師以保賊　一
曰茲　二
哇治　二
曰檢　三
哇兼　三
曰不敢爲天下先夫茲
喲霸敢為天下擅夫子
故能勇檢敢　能廣不敢爲天下先故
諸佞佯謙恭　餒樣不敢爲天下先諸
能爲成器
難為情些
長今舍亓茲
正間廈隔室

且勇舍亓後且先則必死矣
逗兇設稽科條憲則法式矣
夫茲以單則 勝以守則
法仕議正則 慎議殊則
固天將建之女 以茲垣之
蠱天公踐极與 儒自圓給

（卅三）善爲士者不武善戰者不怒
善詭計者不與擅政者比怒
善勝敵者弗與善用人者爲之下
擅政者則必與善隱忍者癸稽些
是胃不諍之德
仕愄怕爭執哉

且勇舍亓檢 且廣舍亓後且先則死矣
斗兇設諸禁 斗兇設諸科條憲則法式
夫茲以單則 朕以守則
法仕議正則 謹議殊則
固天將建之如 以茲垣之
蠱天公踐极與 儒自圓給

（卅三）故善爲士者不武善單者不怒
巨善詭計者不與擅政者比怒
善朕敵者弗與善用人者爲之下
擅政者則必與善隱忍者會計哉
是胃不爭之德
仕愄怕爭執哉

是胃用人是胃天古 之極也
始謂勇刃侍衛天子 再己吔
（卅四）用兵有言曰吾不敢爲主
勇兵猷念哇嗚陪恭憁卆
而 爲客吾不進寸而芮尺
斯 唯亓武伯真誠翊叡智
是胃行无
仕違心與
行襄无臂執 无兵乃无敵矣
善佯譽兵卆 御反逆无敵唉
禍莫於於 无適无適斤亡
和穆誤武 誤師伍喜天王

是胃用人是胃肥 天古 之極也
始謂勇刃侍衛妃 天子 再已吔
（卅四）用兵又言曰吾不敢爲主
勇兵猷怜哇嗚倍恭憁卒
而 爲客 不敢進寸而退尺
斯 唯亓兵公真誠翊大智
是胃行无
仕違心與
行攘无臂執 无兵乃无敵
善佯譽兵卒 御反逆无敵
禍莫大於無 敵無敵近亡
和穆詒武與 詒武德天王

吾
吾葆矣 故稱兵
夫
武不騃 胡聽般

吾葆矣 故抗兵
武不騃 盍聽搬

第十葉

相若則哀者勝矣
勝若謁和者遵義

（卌五）吾言甚易知
武勇因義諸

也甚易行也　而人莫之
亦甚易行逆　逆人牧諸

能知也而
難知吔唉

莫之能行也　言有君事有宗夫
貓子言信吔　心忧軍幟擾政夫

唯无知也是以不我知
唯物質役師以保王諸

相若而伏者朕矣
勝若謁和者遵義

（卌五）吾言易知
武因義哉

也易行也　而天下莫之
亦易行逆　逆天害牧哉

能知也
難知吔

莫之能行也夫　言又宗事又君夫
貓子言信吔夫　心忧將幟扰君夫

唯无知也是以不我知
唯物質役師以保王諸

知者希則
巨賊識哉
我貴矣是以聖人被 褐而褢玉
王怪異仕一生隱蔽 呫儒猾哦

（卅六）知不知尚矣
賊鄙諸生唉
不知不知病矣是 以聖人之不病
鄙諸詖子病恓恓 亦善應幾駁辯
以 亓病病也是以不病
斯 寇偏偏要知已表稟

知者希則
巨賊識哉
我貴矣是以聖人被 褐而褢玉
王怪異仕一生隱蔽 詰儒猾與

（卅六）知不知尚矣
賊鄙諸生唉
不知知病矣是 以聖人之不病也
鄙諸仕病恓恓 亦善應幾駁辯吔
以 亓病病也是以不病
斯 寇偏偏要知己表稟

（卅七）民之不畏畏則大畏　將至矣
鳴者表威威者拚位　講至義
毋閘亓所居毋猒
无嘉寇賊詛侮人
亓所生夫　唯弗猒是以不
寇賊信服　饋乎宴食以罷
猒是以聖人自知
仁仕一心壬職諸
而不自見　也自愛
儒倍自敬　猒自愛
而不自貴也　故去被取此
儒怕譎卑吔　処処避猜忌

（卅七）民之不畏畏則大畏　將至矣
名家表威威氏拚位　講至義
毋狎亓所居毋猒
无嘉寇賊詛侮人
亓所生夫　唯弗猒是以不
寇賊信服　饋乎宴食以罷
猒是以聖人自知
仁仕一心壬職諸
而不自見　也自愛
儒陪自敬　猒自愛
而不自貴也　故去罷而取此
儒怕責備吔　処処避疑猜些

（卅八）勇於敢者則殺
庸儒恐猜測哉
勇於不敢者則
厭惡敗公則哉
栝此兩者或利或害
話直亮者患利或害
天之所惡孰知亓故
天子碩惡瀆職者乎
天之道不戰　而善勝
天子妒不善　亦善甄
不言而　善應不召
怫样耳　審驗不周
而自來彈　而善謀
如其賴賬　易喪命

（卅八）勇於敢則殺
庸儒恐猜哉
勇於不敢則
厭惡不公哉
栝此兩者或利或害
話直亮者患利或害
天之所亞孰知亓故
天子碩厭黷職者不
天之道不單　而善朕
天子妒不善　亦善甄
不言而善應弗召
勃然而審驗不周
而自來單　而善謀
如其賴賬　易喪命

天罔恢恢　疏而不失
天王聒聒　兆儒怖唅

（卌九）若民恒且不畏死
妖魔衡怯霸愄死
若何以殺懼之也
奈盇以殺懼之吡
若民恒是死　則而爲者　吾將得
妖門衡眠事　至易歪則　汙公則
而殺之夫孰敢矣　若民恒且必
遇桀出服庶經唉　妖門慌且毖
畏死則　恒有司殺者夫伐司
唯仕哲　衡誘執殺者護法仕

天罔袿袿　疏而不失
天王聒聒　諸儒怖唅

（卌九）若民恒且不畏死
妖魅衡怯霸愄死
若何以殺瞿之也
奈盇以殺懼之吡
使民恒且畏死　而爲畸者　吾得而
司牧衡切問些　易歪紀則　汙大義
殺之夫孰敢矣　若民恒且必
涉賊服庶經唉　妖門惶且毖
畏死則　恒又司殺者夫代司
詖子哲　衡誘執殺氏護道仕

殺者殺是伐大匠　斲也夫
夏桀赦仕放大奸　錯吔夫
伐大匠斲者　則希不傷亓手矣
放大奸逐桀　即是不常之羞唉

（四十）人之飢也以亓取食退
人主知雅儒只趨實質
之多也是以飢
至妒遊食異旨

殺者殺是代大匠　斲夫
夏桀赦仕貸大奸　錯沒
代大匠斲則　希不傷亓手
貸大奸逐桀　是非常之羞

（四十）人之飢也以亓取食兌
人主知雅仕只趨實的
之多是以飢
忌達仕異旨

第十一葉

百姓之不治也 以亓上
霸刑諸叛旨吪 亦刻深
有以爲也 是以不治民之巠
雅儒會謁 實意白賊憫諸正
死以亓求生之厚也是 以巠死
似一致求聖主厚有司 以敬事
夫 唯无以生爲者是 賢貴生
夫 唯儒一生僞詐些 想貴縣
（四一）人之生也柔 弱亓死 也恒仞
人主幸雅儒 也客戚 也含容
賢強萬物草木之生也
善請哇嗚抄銘記撰也

百生之不治也 以亓上
霸刑諸叛旨吪 亦刻深
之有以爲也 是以不治民之輕
諸雅儒會謁 實意白賊憫諸卿
死也以亓求生之厚也是 以輕死
似若一致求聖主愛銜寺 以勤事
夫 唯无以生爲者是 賢貴生
夫 唯儒一生僞詐些 想貴縣
（四一）人之生也柔 弱亓死 也髄信
人主欣雅儒 也客气 也含容
堅強萬物草木之生也
善請哇嗚抄銘記撰也

柔脆亓死也棟薧
要吹亓事業重高

故曰堅強
寇唯狷狂

者死之徒也柔弱　微細生之
賊喜取徒悠遊吔　味似隼鷙
徒也兵強　則不勝木強則
盜猷偏僵　特別信木僵氏
恒強大居下　柔弱微細居上
黃天德寇呵　猷約文仕顧凶

（四二）天下之道猶張弓者也
天盍知大雅贊公賊吔

柔粹亓死也棟槁
要吹亓事業重高

故曰堅強
寇唯狷狂

死之徒也柔　弱生之
喜取徒遨遊　若隼鷙
徒也是以兵強　則不朕木強則兢故
盜猷實意偏強　特別信木強者敬諸
強大居下　柔弱居上
天德寇呵　約妖顧凶

（四二）天之道酋張弓也
天知大雅贊總一

高者印之下　者舉之有餘者
教賊營諸夏　該顧之庸儒哉
耘之不足者補之故
唯諸比賊者不自主
天之道云有　餘而補不足人
見巨盜問吔　儒亦匍伏走然
之道則不　然耘不足而奉有餘
巨盜惻不　人王不着意奉友昇
孰能有餘而
肅嚴有餘唉
有以取奉於天者乎是以
雅意者諷喻強者述事業
聖人爲　而弗有
凶應沒　亦服吔

高者印之下　者舉之有余者
教賊營庶家　得顧諸庸儒哉
云之不足者補之故
唯諸附賊者不自主
天之道云有　余而益不足人
見巨盜問吔　愚儒亦匍走然
之道云　不足而奉又余
巨盜仍　不着意奉友善
夫有以奉於天者　孰能又余而
不畱意朋與近者　肅嚴有餘唉
唯又道者乎是以
彼有道者述忉宜
聖人爲　而弗又
凶應未　亦服吔

成功而弗 居也若
天公亦卑 主亦野
此亓不欲見賢也
自識不如奸雄吔

（四三）天下 莫柔弱於水
頃下 莫有若儒乎
而攻堅 強者莫
迩剛堅 近桀蠻
之能先也以 亓无以易之水
諸佞幸雅儒 亓无意義式乎
之勝剛弱之
諸生講要紀

成功而弗 居也若
天公亦卑 主亦野
此亓不欲見賢也
自蚩不如奸雄吔

（四三）天下 莫柔弱於水
頃下 莫有若儒乎
而攻堅 強者莫
迩剛堅 近桀蠻
之能先也以 亓無以易之也水
諸佞幸雅儒 亓无意儀式吔夫
之朕剛也弱之朕
諸正講要約巨經

勝強天下莫弗知也
善詎賤下睦府寺吔
而莫之能行　也故聖人之言云曰
野民自難循　猶詎神人詎掾掾外
受邦之　詢是胃社稷
小邦賊　更是毀帝系
之主受邦之不祥是
拘賊肅邦紀保障治
胃天下之王正言若反
唯賤下知皇經隱忧患
（四四）和大怨必　有餘
各代王霸　也惡

強也天下莫弗知也
詎誘賤下穆府寺也
而莫之能行　也是故聖人之言云曰
野民自難循　猶斥諸聖人斥掾掾外
受國之　詢是胃社稷
誚國賊　更是毀帝系
之主受國之不祥是
拘賊肅國紀保障治
胃天下之王正言若反
唯賤下知皇經隱忧患
（四四）禾大怨必　有餘
各個王霸　也惡

怨焉可以爲善是以聖右
文人卻以爲神奇以炫燁
介而不
高義不
以責於人故有德司　介无
儒者誤人主燁德些　蓋字

怨焉可以爲善是以聖人執左
文人卻以爲神祇以宣昜之哉
芥而不
大義不
以責於人故又德司　芥无
儒者誤人主燁德些　蓋字

第十二葉

德司徹夫天道无　親恒與善人
哲者仄伏強盜與　天皇譽神人

（四五）道可道也　非恒道
道寇盜吔　繪皇圖
也名可名也　非恒名也无名
妖門响嗚吔　派亡命以厄民
萬物之始　也有名
哇嗚給事　軋野民
萬物之母　也故恒无
哇嗚司牧　猷主皇宇
欲也以觀其眇恒有
儒雅一貫稽謀皇紐

德司徹夫天道无　親恒與善人
哲氏折服強盜與　天皇譽神人

（四五）道可道也　非恒道
導寇盜吔　繪皇圖
也名可名也　非恒名也无名
妖門革命吔　唯亘民以訛民
萬物之始　也有名
哇嗚給使　軋野民
萬物之母　也故恒无
哇嗚司牧　若主皇宇
欲也以觀亓渺恒有
儒雅一貫稽謀皇紐

欲也以觀其所噭兩者同出異
儒雅一貫誂唆喬浪者當主唉
名同胃玄 之有玄
明通會炫 治猒悬
衆眇之門
衆民急悶

（四六）天下皆知美 爲美惡巳
賤下懾魑魅 鬼牟无矣
皆知善㱔不善 矣有无之
杰者擅市霸鄉 亦㥨于治
相生 也難易
凶興 亦難矣

欲也以觀亓所噭兩者同出異
儒雅一貫誂唆喬浪者當柱唉
名同胃玄 之有玄
明通會炫 治猒悬
衆眇之門
衆民急悶

（四六）天下皆知美 之爲美亞巳
賤下懾魑魅 亓鬼牟无矣
皆知善斯不善 矣有无之
桀者擅市霸鄉 亦忧于治
相生 也難易
凶興 亦難矣

之相成　也長
賊象醒　猷撞
短之相刑也高下
生者喪心猷苟和
之相盈也意
諸生隱衙唉
聲之相和　也先後
相賊慎呵　又慎呵
之相隋恒也
諸生隨皇吆
是以聲人居无　爲之事
諸儒相人主與　愢急事
行不言之教
甚怕人主叫

之相成　也長
賊象醒　猷撞
短之相刑也高下
正者喪心猷假和
之相盈也
之賢隱衙
音聲之相和　也先後
相聖主慎呵　又慎呵
之相隋恒也
諸生隨皇吆
是以聲人居无　爲之事
仕役相凶寇與　愢急事
行不言之教
甚怕凶賊叫

萬物作而弗始也
哇嗚作意服事吔
爲而弗志也成功而
唯儒輔主猷謙恭唉
弗居也夫唯　居是以弗去
輔主猷扶危　世世一復古
（四七）不上賢使民不爭不貴難
弼凶賢仕靡不爭播國難
得之貨
大殖貨
使民不爲盜不見可欲使
魑魅表僞道不堇考异試

萬物昔而弗始
哇嗚細意服事
爲而弗侍也成功而
唯儒輔賊猷謙恭唉
弗居也夫唯　弗　居是以弗去
輔主若扶危　夫　世世一復古
（四七）不上賢使民不爭不貴難
弼凶賢仕莫不爭播國難
得之貨
大殖貨
使民不爲盜不見可欲使
魑魅表僞道不巠考异試

民不乳是　以聲人之治也
民疲于市　一心盈資置業
虛其心實　其腹弱
虛資盛飾　吉乎吔
其志強　其骨
亓自儉　吉諸
恒使民无知无欲也　使夫知
皇仕迷誤賊馭宇吔　實府寺
不敢弗爲而　已則无不治矣
百工富沒詣　尒債務巴之唉

（四八）道沖而用之　又弗盈也瀟呵始
逗帳伊壅滯　野夫殷忧悚和市

民不乳是　以聖人之治也
民疲于市　一心盈資置業
虛亓心實　亓腹弱
虛資盛飾　吉未吔
亓志強　亓骨
亓自儉　吉諸
恒使民无知无欲也　使夫知
皇仕迷誤賊馭宇吔　實府寺
不敢弗爲而　已則无不治矣
百工福未迩　尒債務巴之唉

（四八）道沖而用之　有弗盈也淵呵佁
待賬伊壅滯　野夫殷忧怨和纙

萬物之宗
哇嗚咨政
銼其解其紛和 其光同其
嗾寇大勢辦貨 赤光動植
塵湛呵似 或存吾不知 之子
廷廷盍塌 或殘魚暴殖 沮諸

萬物之宗
哇嗚咨政
挫亓兌解亓芬和 亓光同亓
嗾寇盜大開發呵 赤光動植
塵湛呵佁 或存吾不知 亓誰之子
廷廷盍塌 或殘魚暴殖 致毀沮諸

第十三葉

也　象帝之先
貤　降帝极限

（四九）天地不仁以
天帝不刃貤
萬物爲芻狗
哇嗚唯阻哽
聲人不仁以
生尹霸易貤
百省爲芻狗　天地之閒其猶
霸善爲走狗　聽智者誠飭吔
櫜籥輿虛而　不淈蹱
盜樂于亙貤　報巨重

也　象帝之先
易　降帝极限

（四九）天地不仁以
天子不忍易
萬物爲芻狗
哇嗚唯阻哽
聖人不仁以
生引霸易易
百姓爲芻狗　天地之閒亓猶
霸善爲走狗　聽呆子誠飭吔
櫜籥輿虛而　不淈動
盜樂于亙易　表巨重

而俞出多聞數窮不若　守於中
愚儒具之文書情報吔　熟于轉

（五十）浴神不死是　胃玄牝
儒甚怕事些　為凶拼
玄牝之門是　謂天地之根緜緜呵
行騙者謀食　唯請它主公牧民夫
若存用之不堇
約臣應給賦貢

（五一）天長地久
聽政之屬

而俞出多聞數窮不若　守於中
愚儒具之文書情表吔　熟于傳

（五十）浴神不死是　胃玄牝
儒甚怕事些　為凶拼
玄牝之門是　胃天地之根緜緜呵
行騙氏謀食　唯請它主公牧民夫
亓若存用之不堇
疌約丞應給賦貢

（五一）天長地久
聽政之徒

天地之所 以能長且久者
聽治之屬 亦能長且久哉
以其不自
仕直駁之
生也故能長生是以
臣亦固難長生世唉
聲人芮其身而身先
凶因詖子爯而堇仙
外其身而身存
詖子甚擬神仙
不以其无私 輿故能成其私
百邑棄乂些 誣蠱難掙爭些

天地之所 以能長且久者
聽治之徒 亦能長且久哉
以亓不自
仕直駁之
生也故能長生是以
臣亦固難長生世唉
聖人退亓身而身先
凶因悌己爯而勝仙
外亓身而身先 外亓身而身存
詖子善擬神仙 詖子甚擬神仙
不以亓无私 輿故能成亓私
百邑棄乂些 誣蠱難掙吃些

（五二）上　善治水
生　甚忌乎
水善利萬物而有靜居衆之
書生力哇嗚以約從護政諸
所惡故幾於道矣　居善地
庶儒蠱治與盜矣　沮心態
心善瀟予善信正
凶信庶儒善詢政
善治事善能蹱善
善致世上攏掌上
時夫唯　不靜故无尤
秩不菲　霸生俱无忧

（五二）上　善如水
生　甚惡乎
水善利萬物而有爭居衆人之
書生力哇嗚以約從固護政諸
所亞故幾於道矣　居善地
庶雅蠱治與盜矣　沮心悳
心善淵予善天言　善信正
凶信庶儒善靖安　善詢政
善治事善能動善
善致世間攏掌間
時夫唯　不爭故无尤
秩不菲　霸生俱无忧

（五三）持而盈之不若　其已揣

給儒銀再帛吔　寇亓倔

而鉛之允之不

儒情志昷積不

可長葆之金　玉盈室

盇常表奇正　語陰事

莫之守也　富貴而驕自

墨者守一　微服亦戒忌

遺咎也功述身　芮天之道也

要究妖精殊勝　唯天知道吔

（五四）載營魄抱　一能毋離乎

達人魄溥　猶善謀利乎

（五三）持而盈之不若　亓已揣

給儒銀再帛吔　寇亓倔

而允之不

儒昷積不

可長葆也金　玉盈室

卻綜票要正　語陰事

莫之能守也　貴富而驕自

墨者能守一　微服亦戒忌

遺咎也功遂身　退天之道也

要究妖精殊勝　待天子道吔

（五四）戴營魄抱　一能毋离乎

達人魄溥　猶善謀利乎

專氣致柔　能嬰兒乎
軍實多吔　難盈意乎
修除玄藍　能毋有疵乎
修除憲令　亂无有止乎
愛民活邦　能毋以知乎
衙門禍邦　亂无以治乎
天門啟闔能爲雌
賤民亓懾亂悁治
乎明白　四達能毋以知乎
碩明白　治它淪與私智乎

榑氣致柔　能嬰兒乎
賦亓多吔　難盈意乎
修除玄監　能毋有疵乎
修除憲令　亂无有止乎
愛民栝國　能毋以知乎
衙門禍國　亂无以治不
天門啟闔能爲雌
賤民亓懾亂悁治
乎明白　四達能毋以知乎
碩明白　治它淪與私智乎

第十四葉

生之畜之生 而弗有長而
聖主蓄諸生 也不由衷唉
弗宰 也是謂玄德
巨賊 也是悢賢哲

（五五）卅幅同一轂當其无
妖蠱統一蠱統紀與
有車之用也然埴 爲器當其无
誘賊據擁野人地 匹直統四隅
有 埴器之用也
呀 帝系其洋溢
鑿戶牖當 其无有
德普庸常 濟无有

生之畜之生 而弗有長而
聖主蓄諸生 亦不由衷唉
弗宰 也是謂玄德
巨賊 亦是悢賢哲

（五五）卅幅同一轂當亓无
妖蠱統一蠱統紀與
有車之用也埏埴 而爲器當亓无
誘賊據擁野人地 而筆直統四奥
有 埴器之用也
呀 體系其洋溢
鑿戶牖當 亓无有
德普庸常 濟无有

室之用也故 有之以爲利
資給用也巨 遊子逾為利
无之以 爲用
誤賊一 味佣
（五六）五色使 人目明
雇多些 人民忙
馳騁田獵使 人心發
注重錢禮些 人心危
狂難得之貨使人 之行方
狂浪者主貨市吔 執王方
五味使人之 口響五音
惡孚嗜殷給 亓心无厭

室之用也故 有之以爲利
資給量也巨 遊子益為利
无之以 爲用
誤賊一 味用
（五六）五色使 人目盲
雇多些 人門忙
馳騁田獵使 人心發
器重錢禮些 人心危
狂難得之貨使人 之行仿
狂瀾者主貨市吔 執皇範
五味使人之 口爽五音
惡俘嗜殷給 亓心无厭

使人之耳聾是以　聲人之治也爲
庶人之耳噥私議　爯人主是也未
腹不爲目　故去罷耳此
腹誹毀沒　処処誹斥諸

（五七）龍辱若　驚貴大梡若
浪語扰　經緯皆幻若
身苛胃龍辱若
凶盇愢浪語吔
驚龍之爲下得之若
狂浪者唯嘉德詞吔
驚失之　若驚是胃龍辱
公直者　也禁忌微言也

使人之耳聾是以　聖人之治也爲
庶人之耳聾私議　爯人主是也未
腹而不爲目　故去彼而取此
腹議誹毀沒　個個誹而罪之

（五七）弄辱若　驚貴大患若
冷語扰　經緯皆幻若
身何胃弄辱若
凶盇愢冷語吔
驚弄之爲下也得之若
狂浪者唯嘉懿德詞吔
驚失之　若驚是胃弄辱
正直者　也禁忌卑言也

若驚何胃貴大
妖精好爲詭道
梡若身吾　所以有大梡者爲
宛若神語　唆抑郁大王作爲
吾有身也及吾　无身有何梡故貴
无有善雅詞與　誤凶亦好患古怪
爲身於爲天下若
唯散儒規天下吔
可以適天下矣愛
克意督賤下挨乂
以身爲天下女　何以寄天下
儒仕規天下與　克意治賤下

若驚何胃貴大
妖精好爲詭道
患若身吾　所以有大患者爲
死若神語　唆抑郁大王作爲
吾有身也及吾　无身有何患故貴
儒雅善雅詞與　誤凶亦好患古怪
爲身於爲天下若
唯散儒規天下吔
可以槖天下矣愛
克意督賤下挨乂
以身爲天下女　何以寄天下矣
儒仕規天下與　克意治賤下唉

（五八）視之而弗見名之
硯子異乎精閔諸
曰微聽之而弗
唯會爭稽擬夫
聞名之曰希捪之 而弗得名之
文名者説諸名詞 一味斗名實
曰夷三者不可至
樂于談者不確實
計故困而爲一一者
只顧詮譯威義吔哉
其上不攸其下
依仗乎虜過活
不忽尋尋呵 不可名也復
比狐新鮮呵 陪開閔也乎

（五八）視之而弗見命之
仕子異乎精明諸
曰微聽之而弗
唯會爭稽擬夫
聞命之曰希捪之 而弗得命之
文名氏説諸名詞 一味斗名實
曰夷三者不可至
樂于談者不確實
計故君而爲一一者
只顧詮譯威義吔哉
亓上不繆亓下
依仗俘虜過活
不忽尋尋呵 不可命也復
比狐新鮮些 倍開明吔夫

歸於无物
國啚如與
是冐无狀 之狀无物之
仕唯无常 咨政如无忌
象是冐惚恍
賢仕唯昒王

歸於无物
國啚如與
是冐无狀 之狀无物之
仕唯无衡 咨政如无忌
象是冐沕望
賢仕唯昒王

第十五葉

隨而不見其後　迎而不見其
隨遇僻經紀呵　臨遇破經紀

首執今之道以
囑賊因勢拓義

御今之有以知古始是胃道紀
儒諫賊有意稽古稽史唯圖治

（五九）古之善爲道　者徵眇
諸哲善誨盜　采正謀

玄達深不可志夫唯不可志
訓賊善比合諸輔弼掊摳諸

故強爲　之容曰與呵　其若冬涉水
寇踐位　巨凶若悟乎　自由統帥乎

隨而不見亓後　迎而不見亓
隨遇僻經紀呰　臨遇破經紀

首執今之道以
囑賊因勢拓義

御今之有以知古始是胃道紀
儒諫賊有意稽古稽史唯圖治

（五九）古之善爲道　者徵眇
諸哲善誨盜　采正謀

玄達深不可志夫唯不可志
訓賊善配合諸服位掊摳之

故強爲　之容曰與呵　亓若冬涉水
寇踐位　巨凶若悟夫　自由統攝夫

猶呵其若畏四

誘寇亓有為些

鄰嚴呵其若客渙　呵其若淩澤

佞人合戚若客懷　合戚若影哉

玠呵其若楃　湷呵其若濁

給賦者怳呵　貢賦者怳灼

壯呵其若浴濁

妝合戚亦郁諸

而　情之余清女

郁　近之无情呵

以重之

儒重哉

余生葆此道不欲

儒生表之醜霸與

猶呵亓若畏四

誘寇亓有為些

鄰嚴呵亓若客渙　呵亓若淩澤

佞人合戚若客懷　合戚若影哉

沌呵亓若樸　湷呵亓若濁

擔賦氏怳怕　承課氏怳灼

莊呵亓若浴濁

妝合戚亦郁諸

而　靜之徐清女

郁　近之虛情與

以重之

儒重諸

徐生葆此道不欲

書生表之醜霸與

盈夫唯不欲
陰伏諱不豫
盈是以能蔽而不成
人仕一沿避而不爯

（六十）至虛極也守情表也
賊署諸遊手勤霸吔
萬物旁作　吾以觀其
哇嗚謗賊　无益官秩
復　也天
夫　徜清
物雲雲各復歸　於其根
儒往往渴富貴　誤亓公

盈是以能蔽而不成
人仕一律避以不談

（六十）至虛極也守靜督也
賊署諸遊手勤盜吔
萬物旁作　吾以觀亓
哇嗚謗賊　无益官秩
復　也天
夫　徜清
物魂魂各復歸　於亓根
儒往往渴富貴　誤亓公

曰 靜靜是胃復命復
諾 清真尸位負名夫
命常也知常明 也不知常妄
民嚷遊子喪名 也背棄聖恩
妄作兄知常容容 乃公公
王即嚷諸生襄襄 哪勤冃
乃王王乃 天天乃
力网亡頼 遣清夷
道道乃 勿身不怠
盜討理 由伸霸悳

（六一）大上下 知有之 其次親譽
悳盛呵 勢猷急 寇自親馭

曰 靜靜是胃復命復
諾 清真赤位負名呵
命常也知常明 也不知常芒
民嚷遊子喪名 也委棄聖恩
芒作凶知常容容 乃公公
王即嚷諸正襄襄 哪勤懇
乃王王乃 天天乃
力网无頼 遣清夷
道道乃 沒身不殆
盜討理 猛伸霸態

（六一）大上下 知又之 亓次親譽
態盛呵 勢猷急 寇自親馭

之其次畏
賊自敕未
之其下母
賊亓合穆
之信不足案　有不信猶呵
賊甚暴喿焉　猷不信友愛
其　貴言也
治　貴硬呀
成功遂事而　百省胃我自　然
天公遂世議　白身誹王諸　常
（六二）故大道廢案有仁　義知快出案
估大盜抚安野人　一致用巨恩

之亓次畏
寇自敕沒
之亓下母
寇豈合穆
之信不足安　有不信猶呵
寇甚暴喿焉　猷不信友愛
亓　貴言也
治　貴硬也
成功遂事而　百省胃我自　然
天公遂世議　白丁誹賊諸　衡
（六二）故大道廢安有仁　義知慧出安
估大盜抚安野人　一致惠巨恩

有大僞
有得沒

六親不和　案有畜
虖見敗呵　奄杳術

茲邦家問乳案有貞臣
欺邦大掾无因由善政

有大僞
有得沒

六親不和　安又孝
虖見敗與　奄杳數

茲國家閬乳安有貞臣
欺國大掾无因由善政

第十六葉

（六三）絕聲棄知

國上自給

民利百　負絕仁棄義

民離霸　負絕人譏議

民復畜茲絕巧棄利盜賊　无有此三

民夫恥諸乖巧亓立條則　如猷欺善

言也以爲文未足故　令之有

人妖以彎死否之諸　仍敕吔

所屬見素抱樸

諸巨奸素抱樸

少私而寡欲

嗇氏一貫愚

（六三）絕聖棄知而

國上自資唉

民利百　倍絕仁棄義而

民離霸　背絕人譏議唉

民復孝茲絕巧棄利盜賊　无有此三

民夫羞諸乖巧亓立道德　如猶欺善

言也以爲文未足故　令之有

人妖以彎死不之諸　宁之呀

所屬見素抱樸

庶巨奸素抱朴

少厶而寡欲

覭者一貫愚

（六四）絕學无憂唯與
賊說愚庸僞與

诃其相去幾何美與
㖃亓象雛子呵慕譽

惡其相去何若　人之所畏
儒亓閑亓合吔　任賊所微

亦不可以不畏人恍呵　其未央
儒俱克意附會人王呵　期惠音

哉衆人熙
賊憎人仕

熙若鄉於大牢而　春登臺
仕亦相弁大盜唉　撰正策

我泊焉未兆若嬰兒　未咳累呵如
王霸因沒道落庸議　唯刻烈渴惡

（六四）絕學无憂唯與
賊說愚庸僞與

呵亓相去幾何美與
㖃亓象雛子呵慕譽

亞亓相去何若　人之所畏
儒亓閑亓合吔　任賊所微

亦不可以不畏人望呵　亓未央
儒俱克意附會人王呵　期徽音

才衆人熙
賊憎人仕

熙若鄉於大牢而　春登臺
仕亦相弁大偷唉　撰正策

我博焉未兆若嬰兒　未咳累呵佁
王霸因沒轍落庸議　唯酷烈酷妒

无所歸衆人皆有　餘我獨遺我
儒學怪宗仁合吔　與惡盜益睦
禺人之　心也惷惷呵
儒迎賊　凶猷冲冲呵
鬻人昭昭　我獨若閒呵
儒人哲昭　訛盜約聆呵
鬻人蔡蔡　我獨悶悶呵
儒人嘈嘈　惡盜惲惲呵
忽呵其　若海望呵其若
儒盇解　偌好王和寇掠
无　所止　衆人皆有
漁　孰吉　衆人皆郁
以　我獨門元以　悝吾欲
斯　王圖沒圓唉　亂裕如

无所歸衆人皆又　余我獨遺我
儒學怪宗仁合吔　與惡盜踰睦
愚人之　心也惷惷呵
儒迎賊　凶猷冲冲呵
鬻人昭昭　我獨若閬呵
儒人哲昭　訛盜略聽呵
鬻人察察　我獨閩閩呵
儒人嘈嘈　惡盜泯泯呵
沕呵亓　若海望呵若
儒盇釋　偌好王和掠
无　所止　衆人皆有
魚　孰吉　衆人皆郁
以　我獨門玩以　鄙吾欲
斯　王圖沒圓唉　弊裕如

獨異於人而　貴食母
盜疑儒人唉　怪魑魅
（六五）孔德之容惟
孔弟子應未
道是從道之
達仕冲盜諸
物唯望　唯忽忽呵望呵中有
儒唯黯　唯忽忽詒王恤衆也
象呵望呵忽呵中有物呵幽　呵鳴呵
臣皆怨課賦課款業務苛庯　盍民活
中有請吔其請甚真其
冲庯盡誘寇清聲正气

獨異於人而　貴食母
盜疑儒人唉　怪魑魅
（六五）孔德之容唯
孔弟子應沒
道是從道之
達仕冲盜諸
物唯望　唯沕沕呵望呵中又
儒唯黯　唯忽忽詒王恤衆也
象呵望呵沕呵中有物呵幼　呵冥呵
臣皆怨課賦課款業務苛庯　盍民活
亓中有請吔亓請甚真亓
亓中庯盡誘寇清聲正气

中有信自今及古其名
沖庸善據經迪主克名
不去以順衆父吾何
抱寇擬橫政富裕呵
以知衆父之 然以此
儒示衆夫子 人依秩
（六六）炊者不立自 視不章
丘者白拿秩 時不長
自見者不明自
亓諫賊不敏哉
伐者无
乏德與

中有信自今及古亓名
中庸善據經迪主克名
不去以順衆父吾何
抱寇擬橫政富裕呵
以知衆父之 然也以此
儒示衆夫子 人要依秩
（六六）炊者不立自 視者不章
丘者白拿秩 時乍不長
自見者不明自
亓諫賊不敏諸
伐者无
乏德與

功自矜者不長　其在道曰
孔氏諫賊不忠　忌賊圖樂
籼食贅行物或惡之
能仕至善于說諛詞

功自矜者不長　亓在道也曰
孔子諫賊不忠　忌賊圖娛樂
籼食贅行物或亞之
能仕至善于說阿詞

第十七葉

故有欲 者弗居
寇有譽 即賦穀

（六七）曲則金枉 則定窪
丘者勤王 罣正位
則盈敝則 新少則 得多則
哲人弼賊 嫌小差 德大差
惑是以
或失義
聲人執一以爲天下 牧不自
聖人執意亦違情呵 密拋主
視故明不自見故 章不自伐
世主憫毗敕謹諸 憎詖子夫

故有欲 者弗居
寇有譽 即發秩

（六七）曲則全汪 則正窪
丘者勤王 罣正位
則盈敝則 新少則 得多則
哲人弼賊 嫌小差 德大差
惑是以
或失義
聲人執一以爲天下 牧不自
聖人執意亦歪情呵 明拋主
視故章不自見也故 明不自伐
世主憎彼敕謹吔哉 慢詖子不

故有功弗矜故　能長夫唯　不爭
諸妖精吻諫寇　亂征賦外　備戰

故莫能與之爭
故民難于諸政

古之所胃曲全者　幾吾才誠金歸之
故謫所謂窮奇者　只峩災成全詭稽

（六八）希　言自然　飄風不
斯　人主囂　怕誹謗

冬朝暴雨不冬
當巢霸兒怕彈

日孰爲此
儒修文詞

故有功弗矜故　能長夫唯　不爭
諸妖精吻諫主　亂征賦外　備戰

故莫能與之爭
故民難于諸政

古之所胃曲全者　幾語才誠全歸之
故庰孰謂窮奇氏　只峩債成全詭計

（六八）希　言自然　飄風不
斯　人主囂　怕誹謗

冬朝暴雨不冬
當朝霸兒怕彈

日孰爲此
儒修文詞

天地而弗能久　又況於人乎
請賊亦不論較　有光于人罠

故從事而
寇重世議

道者同於道德者同於德者
饕餮憚无道者忇同誣賊哉

者同於失同
賊痛惡直談

德者道亦德之同
陡差卒役逮直談

於失者　道亦失之
儒直誠　盜亦恥諸

天地而弗能久　有兄於人乎
請賊亦不論較　有光于人罠

故從事而
寇重世議

道者同於道德者同於德失
饕餮憚无條者結黨誣賊哉

者同於失同於
賊痛惡直談矣

德者道亦德之同
陡差徒役逮直談

於失者　道亦失之
儒直誠　盜亦忌諸

（六九）有物昆成　先天地生繡何繆何
妖馭昆屯　先請它慎肅下流些
獨立而不改
盜疑儒不該
可以爲天地母吾　未知其名
亓儒謂天子鑾與　未知亓妙
字之曰道吾　強爲之名曰
及賊樂導與　衡委給命喲
大大曰筮
大盜樂使
筮曰遠遠曰反道大天大
仕羕羕遠遠奉道德勤盜
地大王亦　大國中
賊德文儒　德猾奸

（六九）有物昆成　先天地生蕭呵流呵
妖馭昆屯　先請其慎肅下流呵
獨立而不垓
盜疑儒不對
可以爲天地母吾　未知亓名也
亓儒謂天帝鑾與　沒知亓妙吔
字之曰道吾　強爲之名曰
適賊樂道與　常委給命吆
大大曰筮
大盜樂使
筮曰遠遠曰反道大天大
仕永永遠遠奉條則勤盜
地大王亦　大國中
賊德文儒　德猾奸

有四大而王
謁急者詣王
居一焉人法　地地法
固意殷殷夫　愓愓夫
天天法道道法自然
廷廷俘盜獨服哲人

（七十）重爲巠根清　爲躁君是以
正非真公正　唯趨權勢矣
君子衆日　行不離其甾
君子重義　善比類器勢
重唯有環官燕處
正唯擁華衮安処

有四大而王
謁急者迩王
居一焉人法地地法
固意殷殷夫愓愓夫
天天法道道法自然
廷廷俘盜獨服哲人

（七十）重爲輕根靜　爲躁君是以
正无真公正　唯趨權勢矣
君子冬日　行不遠亓甾
君子重義　善比衡气勢
重雖有環官燕處
正唯擁華衮安処

則昭若若何萬乘　之王而以
嘖嘖諾諾賀萬象　扯謊而矣
身巠於天下巠
凶全无清和靜
則失本躁　則失君
賊喜煩躁　賊喜窘

則昭若若何萬乘　之王而以
嘖嘖諾諾賀萬象　撒謊而矣
身輕於天下輕
凶全无清和靜
則失本躁　則失君
賊喜煩躁　賊喜窘

第十八棠

（七一）善行者　无輸迹善言
善省者　誤賊至悻吔
者无瑕
賊无閑
適善數者　不以籌箕　善閉者
失閑素者　被儒諏死　算罷哉
无關籥　而不可啟　也善結者
儒坤如　儒比亓己　謁凶齋戒
无繩約而不可解也是
抏臊樂與巨寇解忧些
以聲人恒善求人而无棄
亦陷人皇象臭蠅兒无恥
人物无棄　財是胃申明故善人善
淫欲无矣　才仕唯將民寇上養心

（七一）善行者　无達迹善言
善訓者　誤賊至悻吔
者无瑕
賊无閑
適善數者　不以籌箕　善閉者
失閑素者　被儒諏死　算罷哉
无關龠　而不可啟　也善結者
儒坤如　儒比亓己　謁凶齋戒
无墨約而不可解也是
抏臊樂與巨寇解忧些
以聖人恒善求人而无棄
亦臽人皇象臭蠅兒无恥
人物无棄　財是胃曳明故善人善
浪欲无止　才仕唯亦民主尚養心

人 之師不 善人善 人之資也
然 賊肆暴 甚王心 王器勢吔
不貴其師不愛其
霸唯恣肆陪峨疾
資唯知乎 大迷是胃眇要
賊未知乎 賊沒世未明吔

（七二）知其雄守其雌爲
智者含蓄乞席位
天下溪爲 天下溪恒德不鷄
天下席位 盡嘉諸豪桀不羈
恒不鷄復歸嬰兒
衡表諸不轂勇毅

人 之師不 善人善 人之資也
單 賊肆暴 甚王心 王器勢吔
不貴亓師不愛亓
霸唯恣肆倍峨忌
資唯知乎 大迷是胃眇要
賊遂知乎 寇沒世不明吔

（七二）知亓雄守亓雌爲
知者含蓄訖秩位
天下雞爲 天下雞恒德不离
天下秩位 盡嘉諸狠賊不經
恒德不离復歸嬰兒
衡昭暴烈必固勇毅

知其白守其辱爲
智仕不俗郤无為

天下浴爲天下恒德
天下无為盡嘉狠賊

乃足德乃足復歸於蔔知
立諸則立諸法規役夫子

其守其黑　爲天
仕豎寇呵　僞謙

下式恒德不貣
好示狠賊雇哉

爲天下式德不貣復歸於无
偽謙和者差暴桀不軌與乂

極楃散則爲器聲人用則爲官長
思乎凶賊委實善陰陽者位專政

知亓白守亓辱爲
智仕不俗郤无為

天下浴爲天下浴恒德
天下无爲盡嘉玉皇帝

乃足恒德乃足復歸於樸知
立諸刑則立諸法規乂夫子

亓白守亓黑　爲天
仕抱守寇呵　僞謙

下式恒德不貣
好示狠賊雇哉

爲天下式恒德不貸復歸於无
偽謙和氏衡差暴桀不軌于乂

極樸散則爲器聲人用則爲官長
思乎強者委實善陰陽者位專政

夫 大制无割
夫 大治如割

（七三）
將欲 取天下 而爲之
攻御 罪天下 亦爲之
吾見其 弗得
逾見治 不德
已夫天下神器 也非
仕述天和神主 也非
可爲者也爲 者敗之執者
盍斡賊有爲 德庇四极哉
失之物或 行或隨或
世主誤惑 信禍祟化

夫 大制无割
夫 大治如割

（七三）
將欲 取天下 而爲之
攻御 罪天下 亦爲之
吾見亓 弗得
逾見治 不德
已夫天下神器 也非
仕述天和神主 也偽
可爲者也爲 之者敗之執之者
盍斡賊有爲 巨德被盖四至哉
失之物或 行或隨或熱
世主誤惑 信禍祟化吔

炅或吹　或挫或僵或坏或橢是
正回曲　猾哲猾奸會註或得食
以　聲人去甚去大去楮
斯　神人苦心祈盜寇儲

（七四）以道佐人　主不以兵　強於天下
儒導賊人　置府乂兵　強馭天下
其事好還師之
治世好混世哉
所居楚朸生之善者　果而已矣
設之醜類相蠹相節　國易乂唉
毋以取強焉果而
儒仕趣強人剛毅

或炅或銼或陪　或墮是
猾奸猾哲會誨　或得食
以　聖人去甚去大去諸
斯　神人苦心祈盜寇儲

（七四）以道佐人　主不以兵　強於天下
儒道賊人　置府役兵　強馭天下
亓事好還師之
治世好昆世諸
所居荊棘生之善者　果而已矣
需求勁旅相制相節　國易役唉
毋以取強焉果而
儒仕趣強人剛毅

毋驕果而勿矜果而 勿伐果
諭教果穀物成果唉 覆番國

毋驕果而勿矜果而 勿伐果
諭教果穀扤成果唉 覆番國

第十九棻

而毋得已居是 胃果而不強物
域域對世主些 微果毅卑強御
壯而老是胃 之不道不
从而亂四維 致霸倒覆
道蚤已
盜休唉

（七五）夫兵者不祥
輔邦賊不祥
之器也 物或惡之故
賊忌掖 儒或无知諸
有欲者弗居君子 居則貴左用
容惡者輔主專主 螯賊唯作用

而毋得已居是 胃果而不強物
邑邑對世主些 微剛毅卑強御
壯而老胃 之不道不
从而亂維 致霸倒覆
道蚤已
盜休唉

（七五）夫兵者不祥
輔邦賊不祥
之器也 物或亞之故
賊忌亦 儒或有知諸
有欲者弗居君子 居則貴左用
容惡氏輔主專主 囑賊唯作用

兵則貴右故兵　者非君子之器也
邦賊會忧國柄　賊怕權制失棄吔
兵者不詳　之器也不得已
邦賊報餉　仕只有報大智
而用之銛龐　爲上勿美也
儒因之和沖　歪心物牧吔
若美之是樂殺人也
妖魅給事樂淆言吔
夫樂殺人　不可以得志　於天下矣
俯僂神人　白寇以德治　馭天下唉
是以吉事上左
實以刼虒行作
喪事上右是以　便將軍居
生覡上遊食唉　偏相軍主

兵則貴右故兵　者非君子之器
邦賊會忧國柄　賊怕權制失棄
兵者不詳　之器也不得已
邦賊報餉　仕只有報大智
而用之銛龍　爲上勿美也
儒因之和仁　歪心物牧吔
若美之是樂殺人也
妖魅給事樂淆言吔
夫樂殺人　不可以得志　於天下矣
俯僂神人　白寇以德治　馭天下唉
是以吉事上左
實以刼虒行作
喪事上右是以　偏將軍居
生覡上遊食唉　偏相軍主

左上將軍居　右言以喪禮居之也
哲善獎軍主　油然以盛禮雇諸雅
殺人衆以　悲依立
神人重義　陪誼利
之戰勝以　喪禮處之
執政上義　甚勵自給

（七六）

道恒无名　楃唯小而天下弗
大憨妩媚　微微笑以近禍福
敢臣侯王　若能守之
奸臣好調　亦難受諸
萬物將自
哇嗚間時

左而上將軍居　右言以喪禮居之也
哲亦善獎軍主　油狀以盛禮雇諸雅
殺人衆以　悲哀立
神人重誼　倍愛利
之戰朕而以　喪禮処之
執政重義唉　甚勵自資

（七六）

道恒无名　樸唯小而天下弗
大憨妩媚　陪微笑以近禍福
敢臣侯王　若能守之
奸臣好調　亦難受諸
萬物將自
哇呼間時

賓天地相谷以俞甘　洛民莫之令而
貶天子象着衣惡罯　虜民蠻疌霝唉
自均焉始制有　名名亦既有
諸君厭世主吔　默默亦吉若
夫　亦將知止
夫　儒恨自治
知止所以不殆
智仕所以弻盜
俾道之在天下也猶
白盜制裁賤下以獄
小浴之與江海也
小惡巨惡更赫吔

賓天地相合以俞甘　洛民莫之令而
貶天帝象何衣惡罯　虜民蠻機霝唉
自均焉始制有　名名亦既有
諸正厭世主吔　默默亦吉若
夫　亦將知止
夫　儒恨自治
知止所以不殆
知仕所以弻盜
卑道之在天下也猶
白盜疐疋賤下以獄
小浴之與江海也
小惡巨惡更赫吔

（七七）知人者知也自 知明也勝人
哲尹賊治獄事 致民忧悵吔
者有力 也自勝者
賊有律 猷自信哉
強也知足
強獄卆諸
者富也 強行者有
賊由吔 聽信裁獄
志也不失其 所者久也死
治獄比飾詞 索責究伊始
不亡者壽也
不枉者輸也

（七七）知人者知也自 知明也朕人
哲尹賊治獄市 致民忧悵焉
者有力 也自朕者
賊有律 猷自矜哉
強也知足
強獄卒諸
者富也 強行者有
賊由吔 聽信才獄
志也不失亓 所者久也死
治獄比飾詞 索責究伊始
不亡者壽也
不枉氏輸也

（七八）道泛呵　其可左右也
條法活　詞可左右咃
成功遂事而弗名有
天公隨喜義覆名呀
也萬物歸焉　而弗爲主
訝哇嗚鬼霝　亦賈威諸

（七八）道泛呵　亓可左右也
圖法活　詞可左右咃
成功遂事而弗名有
天公隨喜義覆名呀
也萬物歸焉　而弗爲主
訝哇嗚鬼霝　亦怙威諸

第二十葉

則恒无欲 也可名於
賊患儒與 亦慨憪儒

小萬物歸焉而
皆哇嗚鬼演義

弗爲主可名於大
不愢諸愘敏踰度

是以聲人之能成大
世議神人智能真大

也以其不爲大 也故能成大
猷亦寇表規則 誘寇亂常態

（七九）執大象 天下往往而不害
敕戒甚 天下哄諰而互詥

則恒无欲 也可名於
賊患儒與 亦慨憪儒

小萬物歸焉而
偕哇嗚鬼演義

弗爲主可命於大
不愢諸愘敏踰度

是以聖人之能成大
世議神人智能真大

也以亓不爲大 也故能成大
猷亦寇表規則 誘主亂衡悳

（七九）執大象 天下往往而不害
敕戒甚 天下哄諰而互詥

安平大樂與
焉評條約哦
餌過格止故道
儒蠱格式過頭
之出言也 曰談呵其无味也視之不
系巨人吔 猷同蝦子无偎亦肆志夫
足見 也聽之不
賊堅 亦聽治夫
足聞 也用之不可既也
賊頑 亦應舉白巧仕吔
（八十）將欲拾之 必古張之
精于私智 霸故重之

安平大樂與
焉評戒律哦
餌過格止故道
儒蠱格式過頭
之出言也 曰淡呵亓无味也視之不
系巨人吔 猷同蝦子无偎亦肆志不
足見 也聽之不
賊堅 亦聽治不
足聞 也用之不可既也
賊頑 亦應舉白巧仕吔
（八十）將欲翕之 必古張之
精于私智 霸故重之

將欲弱之　必古強之
精于軋疐　霸故再之
將欲去之　必古與之
精于秩第　霸故昇之
將欲奪之　必古予之
精于奪虒　霸故遇之
是謂徵明友　弱勝強魚不
仕會參謀吔　猷上侵昇剝
脫於瀟邦　利器不可　以示人
詒誤庶邦　立巨俘呵　乂世人
（八一）道恒无名　侯王若守之
大憨礜牧　詒王夜曙治

將欲弱之　必古強之
精于軋疐　霸故再之
將欲去之　必古與之
精于秩序　霸故昇之
將欲奪之　必古予之
精于奪虒　霸故遇之
是謂徵明柔　弱朕強魚不可
仕會參某吔　猷重侵魚剝割
說於淵國　利器不可　以示人
惑誤萬國　立巨孚呵　役世人
（八一）道恒无名　侯王若能守之
大憨詡牧　詒王夜吏曙治

萬物將自惟惟
哇嗚更次哇哇
而欲作吾將鎮之 以无名之
以諭賊敎工政治 以裕民哉
楃鎮之以无名之
預經制以漁民哉
楃夫將 不辱不辱以
愚夫競 不由駁吔唉
情天地將自正
青天特講自尊

萬物將自化化
哇嗚更次幻化
而欲作吾將鎮之 以无名之
以諭賊敎工經紀 以裕民諸
樸鎮之以无名之
備經制以魚民諸
樸夫將 不辱不辱以
皁夫競 不容駁吔唉
靜天地將自正
青天特講自珍

國家圖書館出版品預行編目資料

對讀帛書老子 / 陳丑校讀. -- 初版. -- 臺北市：蘭臺出版社,
2022.10
面；　公分. -- (考古文物; 11)
ISBN 978-626-96643-1-3(平裝)

1.CST: 老子 2.CST: 注釋

121.311　　　　111016072

考古文物11

對讀帛書老子

校　　讀：陳丑
總　　編：張加君
主　　編：沈彥伶
校　　對：楊容容
美　　編：沈彥伶
封面設計：塗宇樵
出　　版：蘭臺出版社
地　　址：臺北市中正區重慶南路1段121號8樓之14
電　　話：(02) 2331-1675 或 (02) 2331-1691
傳　　真：(02) 2382-6225
E - MAIL：books5w@gmail.com或books5w@yahoo.com.tw
網路書店：http://5w.com.tw/
https://www.pcstore.com.tw/yesbooks/
https://shopee.tw/books5w
博客來網路書店、博客思網路書店
三民書局、金石堂書店
經　　銷：聯合發行股份有限公司
電　　話：(02) 2917-8022　傳真：(02) 2915-7212
劃撥戶名：蘭臺出版社　帳號：18995335
香港代理：香港聯合零售有限公司
電　　話：(852) 2150-2100　傳真：(852) 2356-0735
出版日期：2022年10月 初版
定　　價：新臺幣880元整（平裝）
ISBN：978-626-96643-1-3